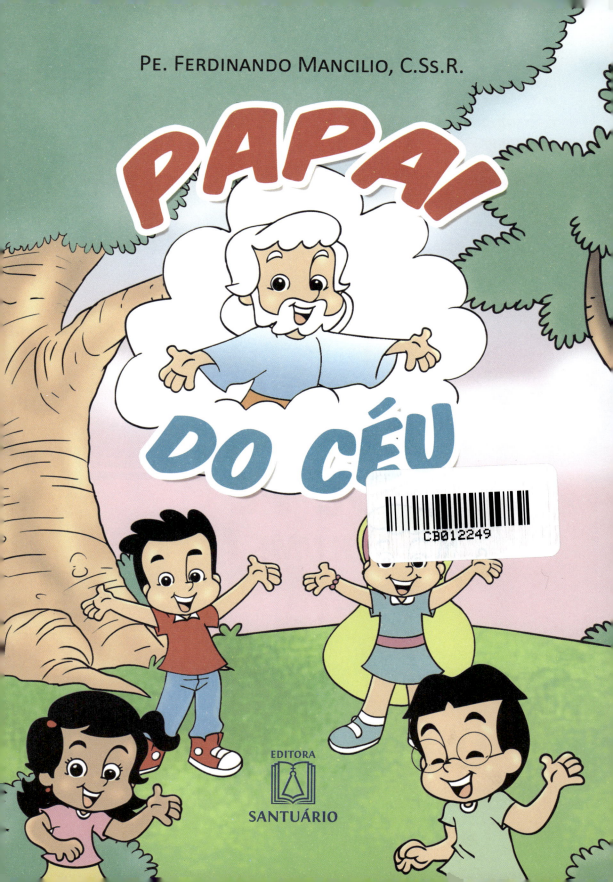

Direção editorial:
Pe. Fábio Evaristo Resende Silva, C.Ss.R.

Coordenação editorial:
Ana Lúcia de Castro Leite

Revisão:
Ana Lúcia de Castro Leite

Ilustrações e Capa:
Reynaldo Silva

Diagramação:
Bruno Olivoto

Coleção Sementinhas de Fé
Volume 1

ISBN 978-85-369-0388-0

2ª impressão

Todos os direitos reservados à **EDITORA SANTUÁRIO** – 2016

Composição, CTcP, impressão e acabamento:
EDITORA SANTUÁRIO - Rua Padre Claro Monteiro, 342
12570-000 - Aparecida-SP - Fone: (12) 3104-2000

APRESENTAÇÃO

A Editora Santuário, cumprindo sua missão catequética e evangelizadora, coloca ao alcance dos pais, catequistas e Comunidades a Coleção **Sementinhas de fé**. O projeto quer ser um subsídio que complemente e dinamize o processo catequético, oferecendo os principais elementos da fé cristã, numa linguagem simples e adequada à idade das crianças, que estão sendo iniciadas em sua vida de fé.

Os livros foram concebidos para serem bastante interativos, com ilustrações e tarefas que despertam o interesse da criança em explorar e conhecer os conteúdos que serão aprofundados na catequese. Portanto, os livros podem ser usados tanto no contexto da catequese formal, oferecida pelas Comunidades, como também pelos pais, pastorais e grupos que trabalham com crianças.

Há desenhos intencionalmente preparados para a criança colorir conforme sua percepção. É bom deixá-la colorir conforme seu desejo. Melhor o adulto não interferir, mas sim dar uma palavra de incentivo. Os catequistas ou os pais poderão ajudar a criança a penetrar cada página, mas jamais subtrair sua reflexão. Quando a criança fizer uma pergunta, essa jamais poderá deixar de ser respondida, e é bom lembrar que a resposta não deve ser além de sua pergunta.

Neste primeiro volume, intitulado **Papai do Céu**, a criança será instigada a conhecer Deus, focando principalmente no relato da criação, que encontramos no livro do Gênesis.

Desse modo, esperamos colaborar com a formação humana e cristã das crianças, ajudando os pais e catequistas a ter em mãos um material que os auxilie nesse compromisso de fé.

Tudo o que for feito para ajudar as pessoas, a começar pelas crianças, seja para a glória de Deus e de seu Filho Jesus Cristo. Assim seja.

Pe. Ferdinando Mancilio, C.Ss.R.

PAPAI DO CÉU!

Vamos conversar um pouquinho sobre o Papai do Céu. Ele nos ama muito e fez tantas coisas bonitas. Tudo o que existe foi feito por Ele. Tudo o que Ele fez foi com muito amor: o céu, a terra, o mar, a lua, as estrelas. Mas muito mais bonito que todas as coisas é você, sou eu. É o Homem e a Mulher, pois o Papai do Céu nos fez à sua imagem e semelhança.

SINAL DA CRUZ

Antes de tudo vamos aprender a fazer o SINAL DA CRUZ. Para tudo o que a gente fizer com amor, a gente faz o sinal da cruz, porque o Papai do Céu é cheinho de amor, e Jesus, seu Filho, também nos amou muito, muito.

Fazemos o sinal da cruz assim:

MÃO DIREITA NA TESTA

MÃO DIREITA NO PEITO

MÃO DIREITA NO OMBRO ESQUERDO

MÃO DIREITA NO OMBRO DIREITO

LEMBRE-SE:

SINAL DA CRUZ É SINAL DE NOSSA SALVAÇÃO, POIS JESUS MORREU NA CRUZ PARA NOS SALVAR!

A SANTÍSSIMA TRINDADE SÃO TRÊS PESSOAS:
- PAI
- FILHO
- ESPÍRITO SANTO!

O Papai do Céu ficou pensando assim, um dia: "Ah! Eu vou criar o mundo. Vou fazer todas as coisas com muito amor. Depois eu vou colocar no meio do mundo o Homem e a Mulher, para eles serem felizes".
E foi o que Ele fez. Fez o mundo. Fez as pessoas. Fez tudo o que existe no céu, na terra, embaixo da terra e lá no alto do céu.

MAS ANTES DE TUDO REZE ASSIM:

"PAPAI DO CÉU, EU AGRADEÇO SEU AMOR TÃO GRANDE, MAIOR QUE O MUNDO. EU QUERO APRENDER TUDO O QUE O SENHOR FEZ PARA NÓS. O MUNDO É MUITO BONITO. EU NÃO VOU ESTRAGAR AS COISAS BONITAS QUE O SENHOR FEZ. EU QUERO, PAPAI DO CÉU, TER UM CORAÇÃO BONITO COMO O DO SENHOR. AMÉM!"

DEUS É O CRIADOR DE TODAS AS COISAS

ATIVIDADE

Desenhe o que você mais gosta de tudo o que Deus criou.

13

TERCEIRO DIA:

SABE O QUE O PAPAI DO CÉU FALOU NO TERCEIRO DIA? ELE DISSE ASSIM: "JUNTEM--SE AS ÁGUAS QUE ESTÃO DEBAIXO DO CÉU NUM SÓ LUGAR E APAREÇA O SOLO ENXUTO". AO SOLO ENXUTO O PAPAI DO CÉU CHAMOU "TERRA", E ONDE AS ÁGUAS SE JUNTARAM O PAPAI DO CÉU CHAMOU "MAR". O PAPAI DO CÉU FEZ NASCER NA TERRA UM MONTE DE PLANTAS BOAS E BONITAS, VEGETAÇÃO, ÁRVORES QUE DÃO FRUTOS GOSTOSOS PARA A GENTE COMER. AS SEMENTES DOS FRUTOS FORAM NASCENDO, CRESCENDO E PRODU-ZINDO MAIS FRUTOS AINDA, E ENCHENDO A TERRA DE PLANTAS, VEGETAÇÃO, ÁRVORES GRANDES E PEQUENAS. NASCERAM AS MATAS E FLORESTAS.

QUARTO DIA:

No quarto dia, tudo ficou iluminado porque o Papai do Céu fez as estrelas, o sol, a lua. O sol para iluminar o dia, e a lua para iluminar a noite. Nossa, como o Papai do Céu caprichou mesmo em tudo. Não é bonito ver o céu estrelado e a luz tão bonita a clarear a noite? Só Ele mesmo pode fazer as coisas tão bem-feitas e tão bonitas.

VAMOS REZAR:

Obrigado, Senhor, por este mundo bonito que o Senhor fez. Obrigado por todas as coisas bonitas que estão acima da terra e que nós vemos. Obrigado também por aquelas que estão escondidas debaixo da terra ou das águas e que não vemos. Eu vou respeitar tudo o que o Senhor criou. Vou usar as coisas do mundo para viver, mas sem estragar os rios e os mares, as plantas e os animais. Obrigado, Senhor, pelo mundo bonito que o Senhor fez para nós. Amém.

POIS BEM, SERÁ QUE VOCÊ PERCEBEU QUE FICOU FALTANDO UM DIA NA CRIAÇÃO DE DEUS? CLARO QUE VOCÊ PERCEBEU, E É SOBRE ELE QUE VAMOS AGORA CONVERSAR.

DEUS CRIOU O HOMEM E A MULHER.
SEXTO DIA:

O Papai do Céu fez os animais selvagens e domésticos, e viu que tudo era muito bom. Mas agora preste bem atenção, porque nesse dia o Papai do Céu fez o que há de mais bonito: o HOMEM e a MULHER, à sua imagem e semelhança.
Já pensou? Eu e você nos parecemos com Deus! Será que há algo mais bonito do que isto? Eu acho que não...

EU E VOCÊ: IMAGEM E SEMELHANÇA DE DEUS!

Deus fez o mundo bonito. Mais bonito que o mundo são as pessoas, o homem e a mulher, que Deus fez.

Nós admiramos tudo o que Deus fez, vemos com nossos olhos, sentimos com nosso coração.

Com as pessoas podemos falar, conversar, ter amizades...

Juntos deixamos o mundo mais bonito ainda. Isso é o que Deus quer!

VAMOS REZAR:

Deus, você é o meu Pai do céu. Eu gosto muito do Senhor. O Senhor me criou por amor. O Senhor me deu um corpo bonito e cheio de vida. Eu agradeço ao Senhor tudo isso. Eu quero fazer de tudo para não estragar nada, nem de mim, nem dos meus colegas, nem do mundo. Vou querer amar sempre as pessoas. Vou querer bem sempre meus colegas, meus pais, meus irmãozinhos, minha escola, meus professores e todas as pessoas que me ajudam a crescer neste mundo. Amém.

Do Papai do Céu, nunca vamos terminar de falar. Ele é infinito em tudo. No amor também. O importante é saber que Ele é infinito em seu amor para conosco.

Lembre-se:
- O Papai do Céu ama muito, muito, você!
- Ele fez o céu e a terra por amor de nós!
- Ele fez você muito pertinho dele, à sua imagem e semelhança!
- É preciso amar as pessoas, sua família e tudo o que foi feito por Deus!
- Só o Papai do Céu nos faz felizes!

AMÉM!

VIVA FELIZ! O Papai do Céu é amor sem fim, e ama você! E você, o que é? É o sorriso de Deus na terra!